LES
AGENCES DE MARIAGE

LEUR FONDATION

ET

LEUR FONCTIONNEMENT

PAR UN

ANCIEN DIRECTEUR D'AGENCE

EN VENTE :

CHEZ L'AUTEUR, 32, RUE DES MARTYRS

Prix : 2 francs

LES
AGENCES DE MARIAGE

LEUR FONDATION

ET

LEUR FONCTIONNEMENT

PAR UN

ANCIEN DIRECTEUR D'AGENCE

EN VENTE :

CHEZ L'AUTEUR, 32, RUE DES MARTYRS

Prix : 2 francs

IMPRIMERIE ALCAN-LÉVY, 61. RUE DE LAFAYETTE

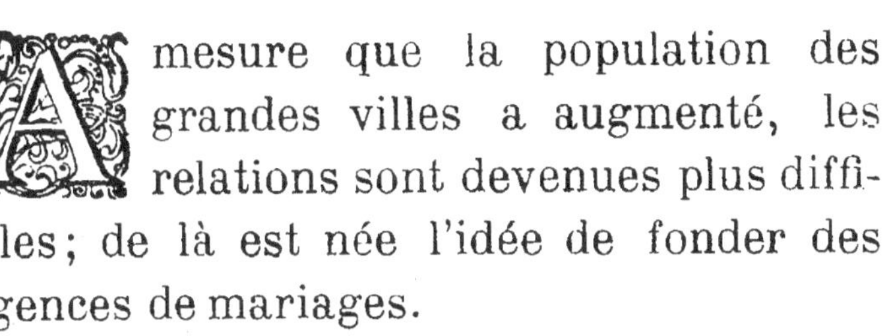mesure que la population des grandes villes a augmenté, les relations sont devenues plus difficiles; de là est née l'idée de fonder des agences de mariages.

La profession d'agent matrimonial remonte à une époque déjà éloignée. En 1827 M. de Foy eut l'idée de fonder une maison où pouvaient venir s'inscrire sur des registres *ad hoc* les personnes des deux sexes qui désiraient contracter mariage.

A peu près unique en son genre, à ce moment, et dirigée par un homme du monde et éminemment intelligent, la maison de Foy ouvrit tour à tour ses salons aux princes de la finance et aux blasons les plus en vue; quelques-uns même lui doivent d'avoir été redorés par une brillante union.

Depuis, de nombreuses maisons se sont fondées, toutes plus ou moins bien achalandées pour exploiter ce genre d'industrie et faire des « heureux ».

Sans vouloir m'élever contre cette institution qui a pu et peut encore rendre de grands services, je me demande si les mariages précipités, faits par ces intermédiaires, ne laissent pas à désirer, et si les futurs époux en France n'ont pas le tort de se connaître fort peu au moral et au physique et de s'ignorer presque complètement jusqu'au moment où ils se possèdent. De là des déceptions et des incompatibilités fâcheuses; souvent, au lendemain de la nuit de noces, le caractère de la femme si mielleux la veille tourne subitement à la colère. L'homme, si empressé et si galant lorsqu'il faisait sa cour, devient, sans transition, vulgaire et grossier : assuré de la possession, il ne cherche plus à dissimuler ses défauts et ses vices.

Mais laissons là le côté moral et ne parlons que des constatations physiques.

C'est souvent sur une simple photographie qu'on engage sa vie, sa fortune et son bonheur. Or la photographie est parfois un mensonge. Depuis les cheveux jusqu'aux pieds, la fiancée n'est, la plupart du temps qu'un vaste trompe-l'œil et un sujet à méprise qui peut donner lieu à un irréparable malheur. Les successeurs de feu Daguerre travaillent si bien aujourd'hui.

Les habitants d'un pays voisin, que je ne veux pas citer ici, et où on divorce pourtant

facilement, sont plus prudents et plus pré-
voyants que nous et ne sacrifient pas
comme beaucoup le font en France aux
intérêts matériels ; il recherchent avant
tout dans le mariage les convenances
d'âge, de rang et de sympathie qui amènent
l'accord qui doit présider aux unions heu-
reuses.

Je n'ai nullement l'intention de sortir de
mon cadre et prouver que les mariages
d'inclination sont généralement plus heureux que ceux dont l'un des deux contrac-
tants est guidé simplement par des senti-
ments d'intérêt.

Ce n'est pas l'agent matrimonial qui est
coupable, c'est l'homme et la femme qui
vont chez lui acheter un lit nuptial monté
en or. Quand Dieu a inventé le mariage, le
mariage était bon ; la méchanceté des
hommes y a introduit la question d'argent

et le mariage est devenu une opération de Bourse où l'on paye quelquefois les différences au prix de l'honneur et du bonheur.

Ce n'est pas des agences matrimoniales que vient le mal, c'est de notre pauvre nature humaine; on connaît l'histoire de ce jeune gentilhomme auteur de dettes reconnues et d'un enfant qui ne l'était pas, qui parlait de se marier avec une fille richissime dont le rôle charmant consistera à boucher avec son argent les brèches que son mari a faites au patrimoine de ses pères: délicieuse occupation pour une jeune fille.

Ce jeune gentilhomme, réduit aux dernières ressources, avait acheté fictivement pour cent mille francs de ficelle, avec quoi il voulait enterrer joyeusement sa vie de garçon.

Une bonne noce avant la noce.

A l'histoire que je viens de citer, je pourrais ajouter celle d'un marchand de musique déjà d'un certain âge qui s'était adressé à M. D... pour lui trouver une épouse assortie.

Le marchand de musique voulait une épouse d'une bonne santé et légèrement boulotte, mais surtout « riche ». Ce n'était pas un de ces hommes qui se sentent emportés par les nuages vers les personnes fluettes et les formes éthérées. Il voulait de l'étoffe et du « solide », on lui en présenta. Quatorze personnes, toutes plus ou moins grassouillettes, défilèrent devant lui.

Il y avait d'abord Mme B..., une dame très modeste, portant quarante-cinq ans d'âge « pas très forte ». Il y avait ensuite Mme M..., dame forte et assez fraîche, paraissant de quarante-trois à quarante-cinq ans, ça pouvait faire l'affaire.... Il y avait encore Mme G..., très forte et très riche, que le marchand de musique accepta de suite, la trouvant « très avantageuse ».

Ce qui compliquait la chose, c'est qu'il voulait marier aussi son fils et faire d'une noce deux coups. Il écrivait à ce sujet une lettre bien drôle.

« Mon fils n'a pas beaucoup de disposi-
« tion pour le mariage, écrit-il à l'agent;
« il n'est pas aussi pressé que moi, mais
« si vous lui trouviez une bonne affaire,
« je crois qu'il ne reculerait pas. »

D'autres, en réponse à une annonce où il est dit que la demoiselle possède de un à trois millions, formulent une épître ainsi conçue :

« Madame.
« En lisant votre annonce, je me suis dit
« que j'avais été créé pour vous rendre
« heureuse ; je n'ai pas de fortune, mais

« j'ai une bonne position ; mon traitement
« est de douze cents francs par an; j'appar-
« tiens à une grande administration et mes
« chefs m'ont promis de l'avancement.

« J'espère que lorsque j'aurai le bon-
« heur de vous connaître. vous saurez
« apprécier mes bonnes qualités (*sic*) qui
« remplaceront auprès de vous la fortune
« que je n'ai pas.

« Je ne sais pourquoi, mais un irrésis-
« tible courant de sympathie m'attire vers
« vous, etc., etc. »

Et le prétendant continue ainsi jusqu'à
ce qu'il ait rempli quatre grandes pages
de cette prose fantaisiste.

D'aucuns, plus audacieux, abordent
franchement la question.

« Madame,

« J'ai vingt-cinq mille francs de dettes,
« pas un sou de fortune ni présente ni

« future. Je désire épouser une femme
« riche quels que soient ses antécédents. »

Il va à peu près sans dire que les auteurs
dans le genre de ces deux dernières mis-
sives ne reçoivent jamais de réponse.

Enfin d'autres exposent ainsi leur situa-
tion :

« J'ai cent mille francs de fortune, je
« désire une personne dont la position
« soit en rapport avec la mienne. »

A ces derniers, le Directeur de l'Agence
répond :

« Déposez cinq louis d'avance, et après
« avoir pris mes renseignements, je vous
« présenterai ou bien je vous ferai pré-
« senter à la personne qui doit faire
« votre bonheur. »

Quatre-vingt-dix-neuf fois sur cent les
billets de mille annoncés par le prétendant comme constituant sa dot sans

compter les espérances du côté de ses grands oncles, n'existent que dans son imagination, et forcément l'intermédiaire se voit dans la nécessité d'ajourner son client.

C'est à peu près le dernier acte de la *Cagnotte*, tant il est vrai que la vie de ce monde n'est qu'un immense vaudeville.

Une autre catégorie d'individus s'adressent aux agences, soit parce qu'ils ne veulent pas eux-mêmes se donner la peine de chercher une compagne, soit parce que leurs relations peu étendues ne leur permettent pas de trouver une personne suivant leur condition.

A côté de ces derniers, des maisons bien dirigées, mais que je ne veux pas nommer ici, pour ne faire de réclame en faveur de personne, donnent presque toujours satisfaction; je dois reconnaître cependant que ces intermédiaires n'ont pas toujours la main heureuse. Nous avons vu dernièrement un vieux colonel qui refusait de payer quinze mille francs de billets à ordre souscrits par lui, à un agent matrimonial, parce que l'épouse qu'on lui avait livrée comme chaste et pure avait une vertu protestée dans le commerce.

Son avocat présentait surtout comme argument que la profession de marieur était contraire aux bonnes mœurs.

S'il me fallait conclure sur le fond, je dirais que, ce qui est contraire aux bonnes mœurs, ce n'est pas de fonder une agence de mariage, c'est d'aller y marchander couramment un cœur frère de notre cœur et une dot sœur de notre *dèche*.

Sous réserve des quelques critiques que je viens de formuler et qui s'adressent plutôt aux clients des agences qu'aux agen-

ces même — je parle des agences hono-
rablement dirigées et qui ont des relations
étendues et dans toutes les classes de la
société — je dois reconnaître que cette
institution a rendu et rend encore de
grands services, ainsi que s'est plu à le dire
un journaliste éminent, Timothée Trimm,
dans sa brochure intitulée : *la Vérité sur
les intermédiaires qui font des mariages,*
brochure que jamais je n'ai lue et que je
regrette b'en de ne pas avoir entre les
mains.

Et si l'on se plaint que l'on ne se marie
plus, ou que difficilement, j'incline à
croire que cette diminution des mariages
vient plutôt des grandes exigences des
prétendants que des difficultés qui existent de se marier.

L'AUTEUR.